JELQING PARA NOVATOS

Alargamiento del pene

Antes de realizar
cualquier tipo
de ejercicio o técnica,
se recomienda consultar
a un profesional
de la salud
especializado.

El jelqing es una técnica de ejercicio manual para el pene que se ha utilizado durante mucho tiempo con el objetivo de promover el crecimiento y mejorar la función del órgano. Consiste en aplicar un agarre firme en la base del pene y deslizarlo hacia el glande, utilizando movimientos de compresión suaves y rítmicos. El jelqing se realiza con el pene semierecto y puede involucrar lubricación para facilitar el deslizamiento.

El objetivo principal del jelqing es aumentar el flujo sanguíneo hacia los tejidos del pene, lo que se cree que puede estimular el crecimiento celular y mejorar la capacidad de erección. La técnica se basa en la teoría de que la aplicación de tensión y presión controlada en el pene puede promover la expansión de los tejidos y el fortalecimiento de los músculos.

Es importante destacar que el jelqing debe realizarse con precaución y bajo la supervisión de un profesional de la salud. Se requiere una comprensión adecuada de la técnica y la aplicación de la presión correcta para evitar lesiones. Además, los resultados del jelqing pueden variar entre individuos y no existe evidencia científica sólida que respalde su efectividad en el aumento permanente del tamaño del pene.

Antes de considerar el jelqing u otros ejercicios para el pene, es fundamental buscar el asesoramiento de un médico especialista en urología o salud sexual masculina. Un profesional de la salud puede proporcionar una evaluación precisa, discutir los riesgos y beneficios, y ofrecer orientación personalizada sobre las opciones de tratamiento más adecuadas.

Índice:

¿Qué es el jelqing?

Preparación para el jelqing

Técnicas de calentamiento

Técnica básica de jelqing

- ✓ Pasos y posición correcta
- ✓ Consejos importantes
- ✓ Tiempo duración de jelqing
- ✓ Duración de las sesiones de jelqing
- ✓ Frecuencia del jelqing
- ✓ Descanso y recuperación
- ✓ Progresión gradual

Variaciones avanzadas de jelqing

- ✓ Jelqing con agarre invertido
- ✓ Jelqing con variaciones de velocidad
- ✓ Jelqing en diferentes direcciones
- ✓ Supersets y variaciones combinadas
- ✓ Jelq húmedo vs. jelq seco
- ✓ Jelqing con diferentes niveles de erección
- ✓ Consideraciones y recomendaciones

Programa de entrenamiento progresivo

- ✓ Establecer metas realistas
- ✓ Frecuencia y duración del entrenamiento
- ✓ Incremento gradual de intensidad
- ✓ Registro y seguimiento del progreso
- ✓ Mantener la consistencia y la paciencia
- ✓ Rutina de jelqing para principiantes
- ✓ Avance y ajuste del programa

Medición y seguimiento del progreso

- ✓ Evaluar y ajustar la rutina
- ✓ Otras formas de seguimiento
- ✓ Medición del tamaño del pene
- ✓ La importancia de la medición y seguimiento del progreso

Mitos y realidades sobre el jelqing

- ✓ Desmitificando falsas afirmaciones
- ✓ Efectos secundarios y riesgos potenciales
- ✓ Recomendaciones y advertencias
- ✓ Sitios recomendados para ver videos de ejercicios para realizar el jelqing

¿Qué es el Jelqing?

El jelqing es una técnica de origen antiguo que se utiliza con el objetivo de aumentar el tamaño del pene de forma natural. También conocido como "ordeño", el jelqing es un ejercicio de estiramiento y masaje que se enfoca en el tejido eréctil del pene para promover el crecimiento y mejorar la circulación sanguínea en la zona.

Origen y historia del jelqing

El origen exacto del jelqing es incierto, pero se cree que se remonta a las antiguas prácticas de las culturas del Medio Oriente, como los árabes. Estos métodos eran transmitidos de generación en generación como parte de la sabiduría tradicional y se practicaban con el fin de mejorar la virilidad y la salud sexual masculina.

La palabra "jelqing" proviene del término árabe "jalq" que significa "ordeñar". Se dice que los beduinos, nómadas del desierto, practicaban el jelqing para mejorar la circulación sanguínea en sus órganos genitales debido a las condiciones extremas en las que vivían.

Definición y concepto básico del jelqing

El jelqing se basa en la aplicación de presión y tracción suave sobre el pene erecto o semierecto. El objetivo es aumentar la capacidad de los tejidos cavernosos y esponjosos del pene para retener más sangre, lo que puede resultar en erecciones más firmes, mayores dimensiones y posiblemente un mejor rendimiento sexual.

La técnica básica de jelqing consiste en sujetar la base del pene con una mano en forma de "OK" y deslizarla hacia arriba a lo largo del eje, aplicando una presión moderada. Este movimiento de ordeño se repite en un patrón alternante con la otra mano, para estimular el flujo sanguíneo y estirar los tejidos del pene.

Beneficios y objetivos del jelqing

El jelqing se presenta como una alternativa no invasiva a métodos más extremos como la cirugía o el uso de dispositivos de tracción. Algunos de los posibles beneficios y objetivos del jelqing incluyen:

a) Aumento del tamaño: Se afirma que el jelqing regular puede conducir a un aumento en la longitud y el grosor del pene en reposo y en erección.

b) Mejora de la circulación sanguínea: El jelqing puede favorecer un flujo sanguíneo más eficiente hacia el pene, lo que puede resultar en erecciones más firmes y duraderas.

c) Fortalecimiento de los músculos del suelo pélvico: El jelqing involucra el trabajo de los músculos del suelo pélvico, lo que puede ayudar a fortalecerlos y mejorar el control sobre la eyaculación.

d) Aumento de la confianza sexual: Al experimentar mejoras en el tamaño y la función del pene, algunas personas pueden experimentar un aumento en la confianza y autoestima sexual.

Es importante destacar que los resultados y la eficacia del jelqing pueden variar de persona a persona. Además, no existe consenso científico sólido que respalde su efectividad, y algunos expertos señalan que los cambios obtenidos pueden ser mínimos o incluso inexistentes. Es fundamental tener expectativas realistas y comprender que cada individuo es diferente en términos de anatomía y respuesta al ejercicio.

En el siguiente capítulo, exploraremos la preparación necesaria antes de comenzar con el jelqing y las consideraciones médicas y de seguridad que se deben tener en cuenta.

¿Quien necesita el jelqing?

En el mundo de la salud sexual masculina, hay muchas técnicas y métodos que se utilizan para mejorar el tamaño y la función del pene. Uno de estos métodos es el jelqing, una técnica de ejercicio que se ha utilizado durante siglos en algunas culturas para promover el crecimiento del pene. Pero, ¿quién necesita realmente el jelqing? ¿Es efectivo y seguro? En este capítulo, exploraremos estas preguntas y examinaremos qué tipo de hombres podrían beneficiarse del jelqing.

Antes de adentrarnos en la discusión sobre quién necesita el jelqing, es importante entender en qué consiste esta técnica. El jelqing es un ejercicio manual que se realiza aplicando presión en el pene con el objetivo de aumentar el flujo sanguíneo y promover la expansión de los tejidos del pene. Se cree que esto puede resultar en un aumento tanto en la longitud como en el grosor del pene a largo plazo.

El jelqing se realiza generalmente agarrando la base del pene con el pulgar y el dedo índice y luego deslizando la mano hacia arriba a lo largo del eje del pene hasta llegar al glande. Este movimiento se repite varias veces durante una sesión de jelqing, que generalmente dura alrededor de 10 a 20 minutos. Algunos hombres también utilizan lubricantes para facilitar el deslizamiento de las manos y reducir la fricción durante el ejercicio.

Antes de considerar quién necesita el jelqing, es importante abordar la cuestión de la efectividad y la seguridad de esta técnica. Aunque algunas personas afirman haber experimentado resultados positivos con el jelqing, es necesario tener en cuenta que la evidencia científica sobre su efectividad es limitada.

En cuanto a la seguridad, existen riesgos potenciales asociados con el jelqing si no se realiza correctamente. Un mal manejo de la técnica puede llevar a lesiones en los tejidos del pene, como hematomas, irritación o incluso fracturas. Además, realizar el jelqing con demasiada frecuencia o aplicar demasiada presión puede ser perjudicial para la salud del pene.

Dicho esto, si se realiza de manera adecuada y con precaución, el jelqing puede ser una técnica segura para algunos hombres. Sin embargo, es fundamental consultar a un médico o profesional de la salud antes de comenzar cualquier programa de ejercicios para el pene, incluido el jelqing.

Aunque el jelqing no está respaldado por una evidencia científica sólida y no es adecuado para todos los hombres, hay ciertos grupos que podrían considerar el jelqing como una opción. Sin embargo, es importante destacar que estas recomendaciones deben tomarse con cautela y siempre bajo la supervisión de un profesional de la salud.

Algunos hombres con disfunción eréctil pueden beneficiarse de la práctica del jelqing como parte de su plan de tratamiento. La teoría detrás de esto es que el aumento del flujo sanguíneo y la estimulación de los tejidos del pene pueden ayudar a mejorar la función eréctil. Sin embargo, es esencial que los hombres con disfunción eréctil consulten a un médico antes de comenzar cualquier programa de ejercicios para el pene.

El término "micropene" se refiere a un pene que está significativamente por debajo del tamaño promedio. Para algunos hombres con micropene, el jelqing puede ser considerado como una opción no quirúrgica para aumentar el tamaño del pene. Sin embargo, es crucial que estos hombres consulten a un médico especialista en urología para obtener una evaluación precisa y discutir las opciones de tratamiento más adecuadas.

Algunos hombres pueden tener un pene de tamaño promedio pero pueden sentirse inseguros o insatisfechos con su tamaño. Para estos hombres, el jelqing podría considerarse como una opción para mejorar la confianza y la satisfacción sexual. Sin embargo, es fundamental abordar cualquier preocupación sobre el tamaño del pene desde una perspectiva psicológica y emocional, y no solo buscar soluciones físicas.

En conclusión, el jelqing es una técnica controvertida que requiere precaución y supervisión médica. Si bien algunas personas pueden beneficiarse de esta técnica, es importante tener en cuenta que la evidencia científica sobre su efectividad es limitada y existen riesgos potenciales asociados. Antes de considerar el jelqing, es fundamental buscar el asesoramiento de un profesional de la salud para evaluar las opciones de tratamiento más adecuadas y abordar cualquier preocupación sobre el tamaño del pene desde una perspectiva integral.

Riesgos que pueden surgir

El jelqing es una técnica controvertida utilizada por algunos hombres como un método para aumentar el tamaño y mejorar la función del pene. Sin embargo, es importante tener en cuenta que existen riesgos asociados con esta práctica. En este capítulo, exploraremos algunos de los riesgos más comunes que pueden surgir al realizar el jelqing.

Uno de los riesgos más significativos del jelqing es la posibilidad de sufrir lesiones en los tejidos del pene. La aplicación de demasiada presión o realizar el ejercicio de manera incorrecta puede resultar en la ruptura de los vasos sanguíneos, hematomas, irritación de la piel e incluso fracturas en el pene. Estas lesiones pueden ser dolorosas y requerir atención médica.

Es esencial recordar que el pene es un órgano delicado y sensible. Cualquier ejercicio que involucre aplicar presión o tensión en exceso debe realizarse con precaución y bajo la supervisión de un profesional de la salud. Ignorar las técnicas adecuadas o realizar el jelqing de forma agresiva puede aumentar significativamente el riesgo de lesiones.

Otro riesgo asociado con el jelqing es el retraso en buscar atención médica adecuada en caso de lesiones o complicaciones. Algunos hombres pueden sentir vergüenza o temor de admitir que están experimentando problemas relacionados con el jelqing, lo que puede llevar a una demora en recibir el tratamiento adecuado.

Es importante comprender que la salud y el bienestar del pene son fundamentales y deben tomarse en serio. Si se experimenta dolor, sangrado, hinchazón u otras complicaciones después de realizar el jelqing, es fundamental buscar atención médica de inmediato. Los profesionales de la salud están capacitados para evaluar y tratar cualquier lesión o problema que pueda surgir.

El jelqing también puede llevar a una obsesión con el tamaño del pene y desencadenar la dismorfia del pene, que es una preocupación excesiva y desproporcionada por el tamaño del propio pene, a pesar de tener un tamaño normal o incluso por encima del promedio. La búsqueda constante de un tamaño mayor a través del jelqing puede llevar a una insatisfacción continua y una disminución de la autoestima.

Es fundamental entender que el tamaño del pene no define el valor ni la masculinidad de un hombre. La satisfacción sexual y el bienestar emocional dependen de muchos otros factores, como la comunicación, la intimidad emocional y la confianza. Enfocarse exclusivamente en el tamaño del pene puede llevar a problemas psicológicos y afectar negativamente la calidad de vida.

El jelqing puede interferir con la vida sexual y las relaciones si se convierte en una preocupación constante o si se prioriza el tamaño del pene por encima de otros aspectos importantes de la intimidad. La ansiedad, la preocupación y la obsesión relacionadas con el tamaño del pene pueden afectar la confianza sexual y la capacidad para disfrutar plenamente de las relaciones sexuales.

Es importante recordar que la satisfacción sexual no está exclusivamente relacionada con el tamaño del pene. La comunicación abierta, la conexión emocional y la exploración mutua de las necesidades y deseos sexuales son fundamentales para una vida sexual saludable y satisfactoria. Centrarse únicamente en el tamaño del pene puede llevar a una visión distorsionada de la sexualidad y afectar negativamente la calidad de las relaciones.

En conclusión, el jelqing conlleva riesgos significativos que deben tenerse en cuenta antes de considerar esta técnica. Lesiones en los tejidos del pene, retraso en la búsqueda de atención médica adecuada, obsesión y dismorfia del pene, e interferencia en la vida sexual y las relaciones son algunos de los riesgos asociados con el jelqing. Antes de embarcarse en cualquier programa de ejercicios para el pene, es fundamental buscar asesoramiento médico y abordar cualquier preocupación relacionada con el tamaño del pene desde una perspectiva integral.

Preparación para el jelqing

Antes de comenzar cualquier programa de jelqing, es importante realizar una preparación adecuada para garantizar la seguridad y maximizar los posibles beneficios. Esta preparación implica evaluar la salud sexual, considerar aspectos médicos y tomar precauciones necesarias. También se requiere adquirir las herramientas y accesorios necesarios para llevar a cabo el jelqing de manera efectiva.

Evaluación de la salud sexual

Antes de iniciar cualquier programa de jelqing, es recomendable realizar una evaluación de la salud sexual. Esto implica comprender su estado actual de salud, cualquier condición médica preexistente y la historia de lesiones o cirugías en el área genital. Si experimenta problemas de salud sexual, como disfunción eréctil, enfermedad de Peyronie u otras condiciones similares, es esencial consultar a un médico especializado antes de comenzar con el jelqing.

Además, es importante tener en cuenta que el jelqing no es una solución para tratar condiciones médicas específicas, y siempre se debe priorizar la salud y bienestar general antes de embarcarse en cualquier tipo de ejercicio.

Consideraciones médicas y precauciones

Existen ciertas consideraciones médicas y precauciones que se deben tener en cuenta antes de comenzar con el jelqing. Estas incluyen:

a) Consulta médica: Como se mencionó anteriormente, es recomendable consultar a un médico especializado antes de iniciar cualquier programa de jelqing, especialmente si tiene alguna condición médica preexistente o si está tomando medicamentos que puedan afectar la salud sexual.

b) Calentamiento adecuado: Antes de realizar los ejercicios de jelqing, es esencial realizar un calentamiento adecuado. Esto implica aplicar calor en el área genital para mejorar la circulación sanguínea y preparar los tejidos para el ejercicio. Puede usar compresas calientes, toallas tibias o tomar un baño caliente para calentar el área.

c) Higiene y limpieza: Es importante mantener una buena higiene y limpieza en el área genital antes de comenzar con el jelqing. Asegúrese de lavar el pene y las manos con agua tibia y jabón suave para evitar la propagación de bacterias u otras infecciones.

d) Evitar lesiones: Es fundamental prevenir lesiones durante el jelqing. Esto implica utilizar una técnica adecuada, aplicar la cantidad adecuada de presión y evitar cualquier movimiento brusco o doloroso. Si experimenta dolor o malestar durante el ejercicio, deténgase de inmediato y consulte a un profesional de la salud.

Herramientas y accesorios necesarios

Para realizar el jelqing de manera efectiva, se requieren algunas herramientas y accesorios. Aunque estos elementos no son estrictamente necesarios, pueden ayudar a facilitar el ejercicio y mejorar los resultados. Algunos de los elementos comunes utilizados en el jelqing incluyen:

a) Lubricante: Es esencial utilizar un lubricante durante el jelqing para reducir la fricción y prevenir cualquier lesión en la piel. Los lubricantes a base de agua son recomendables, ya que son seguros para su uso en el área genital y no interfieren con la elasticidad de los tejidos.

b) Toalla o paño: Una toalla o paño suave puede ser útil para realizar los ejercicios de calentamiento previo. Puede humedecer la toalla con agua tibia y envolverla alrededor del pene para aplicar calor antes de comenzar el jelqing.

c) Cronómetro o reloj: Contar con un cronómetro o reloj puede ser útil para realizar el jelqing con la duración adecuada. Esto ayuda a mantener un tiempo constante y controlado durante el ejercicio.

d) Registro de progreso: Mantener un registro de progreso puede ser beneficioso para rastrear los cambios y mejoras en el tamaño y la función del pene a lo largo del tiempo. Puede utilizar una libreta o una aplicación móvil para registrar las mediciones y otros detalles relevantes.

Es importante tener en cuenta que estos elementos son opcionales y pueden variar según las preferencias individuales. La clave es asegurarse de tener las herramientas y accesorios necesarios para realizar el jelqing de manera cómoda y segura.

En el próximo capítulo, exploraremos en detalle las técnicas de calentamiento que son esenciales para preparar adecuadamente los tejidos antes de realizar los ejercicios de jelqing.

¿Cuando?

El jelqing es una técnica de ejercicio manual para el pene que se ha utilizado durante mucho tiempo con el objetivo de promover el crecimiento y mejorar la función del órgano. Si estás interesado en realizar el jelqing, es importante tener en cuenta algunos factores relacionados con el momento adecuado para llevar a cabo esta práctica. En este capítulo, exploraremos las consideraciones sobre cuándo realizar el jelqing, incluyendo el horario del día, el día de la semana y la estación del año.

No hay un horario específico establecido para realizar el jelqing, ya que depende de las preferencias y la disponibilidad de cada individuo. Algunos hombres pueden encontrar más conveniente hacerlo por la mañana, mientras que otros pueden preferir hacerlo por la noche. La clave es elegir un momento en el que te sientas relajado, cómodo y sin distracciones.

Sin embargo, hay algunas recomendaciones generales a tener en cuenta. Realizar el jelqing después de una ducha caliente puede ser beneficioso, ya que el calor puede ayudar a relajar los tejidos del pene y facilitar el ejercicio. Además, evita hacerlo inmediatamente después de una comida abundante, ya que el proceso de digestión puede afectar la circulación sanguínea.

Recuerda que la consistencia es fundamental. Establece una rutina y trata de realizar el jelqing a la misma hora todos los días para obtener mejores resultados.

El día de la semana en el que realices el jelqing es una cuestión de preferencia personal. Algunos hombres pueden optar por hacerlo todos los días, mientras que otros pueden elegir hacerlo solo algunos días a la semana. La clave nuevamente es la consistencia y escuchar tu propio cuerpo.

Sin embargo, es importante tener en cuenta que el pene necesita tiempo para descansar y recuperarse. Realizar el jelqing todos los días sin un descanso adecuado puede aumentar el riesgo de lesiones y fatiga en los tejidos del pene. Por lo tanto, si decides hacerlo diariamente, es recomendable tomar días de descanso regulares para permitir la recuperación.

La estación del año en la que te encuentres no tiene un impacto directo en la realización del jelqing. El jelqing se puede hacer durante todas las estaciones sin problemas. Sin embargo, es importante tener en cuenta las condiciones ambientales.

Durante el verano o en climas cálidos, es posible que debas tener más precaución con el jelqing, ya que el calor excesivo puede aumentar la sensibilidad y la posibilidad de irritación en los tejidos del pene. Asegúrate de mantener una buena higiene y utilizar lubricantes adecuados para evitar la fricción y la incomodidad durante el ejercicio.

En invierno o en climas fríos, es importante mantener el pene cálido antes y después del jelqing. Puedes hacerlo aplicando una compresa tibia o realizando una breve sesión de calentamiento para asegurarte de que los tejidos del pene estén adecuadamente relajados antes del ejercicio.

En resumen, el horario del día, el día de la semana y la estación del año en la que realices el jelqing dependen de tus preferencias personales y de las condiciones ambientales. La consistencia y la escucha de tu propio cuerpo son fundamentales. Recuerda que siempre es importante realizar el jelqing de manera segura y bajo la supervisión de un profesional de la salud.

Técnicas de calentamiento

El calentamiento adecuado es una parte fundamental de la preparación para realizar los ejercicios de jelqing de manera segura y efectiva. El objetivo del calentamiento es aumentar la temperatura en el área genital, mejorar la circulación sanguínea y preparar los tejidos para el estiramiento y la tracción durante el jelqing. En este capítulo, exploraremos la importancia del calentamiento previo, así como algunas técnicas de calentamiento que se pueden utilizar.

Importancia del calentamiento previo

El calentamiento previo al jelqing es esencial por varias razones. Primero, el calentamiento ayuda a aumentar la temperatura en el área genital, lo que a su vez mejora la circulación sanguínea. Esto es crucial para garantizar que los tejidos del pene estén adecuadamente irrigados con sangre oxigenada y nutrientes antes de realizar los ejercicios de jelqing.

Además, el calentamiento también ayuda a relajar los músculos del suelo pélvico y los tejidos conectivos del pene, lo que facilita el estiramiento y la tracción durante el jelqing. Al preparar adecuadamente los tejidos, se reduce el riesgo de lesiones y se optimiza la eficacia de los ejercicios.

Métodos de calentamiento

Existen varias técnicas de calentamiento que se pueden utilizar antes de comenzar con el jelqing. A continuación, se presentan algunos métodos comunes:

Compresas calientes

Las compresas calientes son una técnica popular y fácil de implementar para calentar el área genital antes del jelqing. Puede usar una toalla pequeña o un paño suave y sumergirlo en agua tibia. Asegúrese de escurrir el exceso de agua y aplique la compresa caliente en el pene durante unos minutos. Repita este proceso varias veces para asegurarse de que el área esté bien calentada.

El calor de la compresa ayuda a aumentar la temperatura y mejorar la circulación sanguínea en el área genital. También relaja los músculos y tejidos, preparándolos para los ejercicios de jelqing.

Ejercicios de estiramiento suave

Además de las compresas calientes, también se pueden realizar ejercicios de estiramiento suave como parte del calentamiento previo. Estos ejercicios ayudan a relajar los músculos y los tejidos del pene, y preparan los tejidos para los ejercicios de jelqing.

Un ejercicio de estiramiento suave común es el estiramiento manual. Para realizarlo, agarre suavemente la cabeza del pene con una mano y tire hacia adelante con una presión suave pero firme. Mantenga la tracción durante 15-30 segundos y luego libere. Repita este ejercicio varias veces, asegurándose de no aplicar demasiada presión o causar malestar.

Es importante recordar que los ejercicios de estiramiento deben realizarse con cuidado y sin forzar demasiado los tejidos. El objetivo es calentar y preparar los tejidos, no causar lesiones.

Baño o ducha caliente

Otra opción para calentar el área genital

antes del jelqing es tomar un baño o una ducha caliente. El agua caliente ayuda a aumentar la temperatura corporal y mejora la circulación sanguínea en todo el cuerpo, incluido el área genital.

Puede sumergir su cuerpo en agua caliente durante unos minutos, asegurándose de que el área genital también esté expuesta al calor. Este método de calentamiento es relajante y efectivo para preparar los tejidos antes de los ejercicios de jelqing.

Dispositivos de calentamiento

Además de los métodos mencionados anteriormente, existen dispositivos de calentamiento especiales diseñados específicamente para el jelqing. Estos dispositivos, como las almohadillas de calor o los dispositivos de infrarrojos, proporcionan un calor constante y controlado para calentar el área genital de manera efectiva.

Los dispositivos de calentamiento pueden ser una opción conveniente, especialmente para aquellos que desean una fuente de calor constante y no desean complicarse con compresas calientes o baños. Sin embargo, es importante seguir las instrucciones del fabricante y tener precaución al usar cualquier dispositivo de calentamiento para evitar quemaduras o lesiones.

En resumen, el calentamiento previo al jelqing es una parte esencial de la preparación. Las técnicas de calentamiento, como compresas calientes, ejercicios de estiramiento suave, baños calientes o dispositivos de calentamiento, ayudan a aumentar la temperatura, mejorar la circulación sanguínea y preparar los tejidos antes de los ejercicios de jelqing. Al incorporar el calentamiento adecuado en su rutina, puede maximizar los posibles beneficios y reducir el riesgo de lesiones.

Técnica básica de jelqing

La técnica básica de jelqing es el ejercicio fundamental utilizado en el jelqing para novatos. Esta técnica se centra en el estiramiento y la tracción suave del pene con el objetivo de promover el crecimiento y mejorar la circulación sanguínea en el área. En este capítulo, exploraremos paso a paso la técnica básica de jelqing y algunos consejos importantes a tener en cuenta.

Pasos y posición correcta

A continuación, se presenta una descripción paso a paso de la técnica básica de jelqing:

Paso 1: Calentamiento previo
Antes de comenzar con el jelqing, es importante realizar el calentamiento previo adecuado, como se mencionó en el capítulo anterior. Puede utilizar compresas calientes, ejercicios de estiramiento suave o cualquier otro método de calentamiento de su elección para preparar los tejidos del pene.

Paso 2: Lubricación
Aplique una cantidad generosa de lubricante a base de agua en todo el pene. Esto ayuda a reducir la fricción y facilita el movimiento de las manos durante el jelqing.

Paso 3: Agarre de la base
Coloque una mano en forma de "OK" alrededor de la base del pene, justo por encima del área del pubis. El agarre debe ser firme pero no demasiado apretado, asegurándose de no obstruir la circulación sanguínea.

Paso 4: Movimiento de deslizamiento
Deslice suavemente la mano hacia arriba a lo largo del eje del pene, aplicando una presión moderada pero cómoda. A medida que la mano se desliza hacia arriba, aplique una tracción suave hacia adelante, como si estuviera ordeñando el pene.

Paso 5: Alternancia de manos
Después de que una mano llegue a la cabeza del pene, libere el agarre y repita el movimiento con la otra mano. Continúe alternando las manos en un patrón de movimiento de deslizamiento hacia arriba, manteniendo un ritmo constante y controlado.

Paso 6: Duración y repeticiones
Realice el jelqing durante aproximadamente 10-15 minutos en cada sesión. Puede comenzar con repeticiones más cortas y aumentar gradualmente a medida que se sienta más cómodo. Recuerde que la calidad del movimiento es más importante que la cantidad de repeticiones. Evite cualquier sensación de dolor o incomodidad durante el ejercicio.

Paso 7: Enfriamiento

Después de completar el jelqing, es recomendable realizar un enfriamiento suave para ayudar a relajar los tejidos. Puede aplicar una compresa fría o enjuagar el área con agua fría para cerrar los vasos sanguíneos y reducir cualquier posible inflamación.

Consejos importantes

Además de seguir los pasos anteriores, aquí hay algunos consejos importantes a tener en cuenta durante la técnica básica de jelqing:

Mantenga una presión constante y moderada: Evite aplicar demasiada presión o tirar con demasiada fuerza durante el jelqing. La clave está en mantener una presión constante y moderada para evitar lesiones y promover la circulación sanguínea adecuada.

Preste atención a las sensaciones: Durante el jelqing, preste atención a las sensaciones en su pene. Debe sentir una sensación de estiramiento y una ligera congestión en el área, pero no debe haber dolor ni molestias intensas. Si experimenta alguna molestia, detenga el ejercicio de inmediato y consulte a un profesional de la salud.

Ritmo constante y controlado: Mantenga un ritmo constante y controlado durante el jelqing. Evite movimientos rápidos o bruscos que puedan causar lesiones. La consistencia y la precisión en el movimiento son clave para obtener los mejores resultados.

Sea paciente y realista: El jelqing es un ejercicio que requiere tiempo y paciencia para obtener resultados. No espere cambios drásticos de la noche a la mañana. Sea realista en sus expectativas y tenga en cuenta que los resultados pueden variar de una persona a otra.

Recuerde que la técnica básica de jelqing es solo una de las muchas variantes y ejercicios disponibles en el jelqing. Conforme gane experiencia y se sienta más cómodo, puede explorar otras técnicas y personalizar su rutina de jelqing según sus necesidades y preferencias.

En el próximo capítulo, hablaremos sobre la frecuencia y la programación de los ejercicios de jelqing, así como los posibles efectos secundarios y precauciones adicionales a considerar.

Tiempo de duración de jelqing

El tiempo y la frecuencia en los que se realiza el jelqing son factores importantes a considerar para obtener resultados efectivos y minimizar el riesgo de lesiones. En este capítulo, exploraremos las recomendaciones generales sobre el tiempo de duración de las sesiones de jelqing y la frecuencia con la que se debe practicar.

Duración de las sesiones de jelqing

La duración de las sesiones de jelqing puede variar según las preferencias individuales y el nivel de experiencia. Al comenzar, es recomendable comenzar con sesiones más cortas, de aproximadamente 5-10 minutos, y luego aumentar gradualmente la duración a medida que el cuerpo se acostumbre al ejercicio.

Es importante recordar que el jelqing debe realizarse de manera controlada y sin excederse. Realizar sesiones demasiado largas o intensas puede aumentar el riesgo de lesiones, como hematomas o torceduras en el pene. Escuche las señales de su cuerpo y si experimenta fatiga o incomodidad, es mejor reducir la duración de las sesiones o tomar descansos más frecuentes.

Además de la duración total de las sesiones, algunos practicantes de jelqing optan por dividir el tiempo en diferentes etapas. Por ejemplo, pueden realizar varios sets de jelqing con descansos cortos entre ellos. Esta división puede ayudar a mantener la intensidad y evitar la fatiga excesiva.

Frecuencia del jelqing

La frecuencia con la que se debe realizar el jelqing depende de varios factores, como la tolerancia individual, el nivel de experiencia y la capacidad de recuperación del cuerpo. Es importante recordar que el jelqing es un ejercicio de estiramiento y compresión del pene, y como cualquier otro ejercicio, el cuerpo necesita tiempo para recuperarse y adaptarse.

Como punto de partida, se sugiere comenzar con 2-3 sesiones de jelqing por semana. Esto permite que el cuerpo se recupere adecuadamente entre las sesiones y reduce el riesgo de sobreentrenamiento. Con el tiempo, a medida que el cuerpo se adapta y se vuelve más tolerante, es posible aumentar gradualmente la frecuencia a 4-5 sesiones por semana.

Sin embargo, es importante tener en cuenta que cada persona es diferente y puede responder de manera diferente al jelqing. Algunos individuos pueden requerir más tiempo de recuperación, mientras que otros pueden tolerar y beneficiarse de una mayor frecuencia de jelqing. Escuche las señales de su cuerpo y ajuste la frecuencia en consecuencia.

Descanso y recuperación

El descanso y la recuperación son componentes clave en el programa de jelqing. Permitir que el cuerpo se recupere adecuadamente es esencial para obtener resultados efectivos y minimizar el riesgo de lesiones. Durante los días de descanso, los tejidos del pene se reparan y fortalecen, lo que contribuye a su crecimiento y salud general.

Asegúrese de programar días de descanso

regulares entre las sesiones de jelqing. Esto puede incluir días consecutivos de descanso o alternar los días de jelqing con días de descanso. Escuche las señales de su cuerpo y si siente fatiga, dolor o incomodidad persistente, es importante tomar descansos adicionales para permitir una recuperación adecuada.

Progresión gradual

A medida que gana experiencia y se siente cómodo con el jelqing, es posible aumentar gradualmente la duración de las sesiones y la frecuencia de los ejercicios. Sin embargo, es importante hacerlo de manera progresiva y gradual, evitando cambios bruscos o excesivos.

La progresión gradual permite que el cuerpo se adapte y evita lesiones causadas por un aumento repentino de la intensidad. Preste atención a las señales de su cuerpo y si en algún momento siente dolor, incomodidad intensa o signos de lesiones, disminuya la intensidad o tome un descanso.

En conclusión, el tiempo y la frecuencia de jelqing son factores importantes a considerar para obtener resultados efectivos y seguros. Comience con sesiones más cortas y aumente gradualmente la duración a medida que su cuerpo se adapte. Además, programe días de descanso regulares para permitir una adecuada recuperación. Recuerde escuchar las señales de su cuerpo y ajustar la intensidad y la frecuencia en consecuencia. Siempre es recomendable buscar orientación médica o de un profesional de la salud antes de comenzar cualquier programa de ejercicios para el pene.

Variaciones avanzadas de jelqing

A medida que los hombres adquieren más experiencia y se sienten cómodos con la técnica básica de jelqing, pueden considerar explorar variaciones avanzadas de este ejercicio. Estas variaciones pueden proporcionar nuevos desafíos y estímulos al pene, y potencialmente promover mayores beneficios en términos de crecimiento y salud sexual. En este capítulo, exploraremos algunas de las variaciones avanzadas de jelqing que pueden ser incorporadas a la rutina.

Jelqing con agarre invertido

El jelqing con agarre invertido es una variación que implica cambiar la posición de las manos durante el ejercicio. En lugar de usar un agarre regular con la palma hacia abajo, se gira la mano de manera que la palma esté hacia arriba y los dedos apunten hacia el cuerpo. Con esta variación, el pulgar estará más cerca del cuerpo y los otros dedos envolverán el pene desde abajo.

El jelqing con agarre invertido puede proporcionar una tracción ligeramente diferente y un enfoque en diferentes áreas del pene. Al alterar el ángulo y la presión, se pueden trabajar diferentes partes del tejido y estimular el crecimiento en diferentes direcciones.

Jelqing con variaciones de velocidad

Otra forma de variar el jelqing es mediante cambios en la velocidad del movimiento. En lugar de mantener un ritmo constante, se pueden realizar jelqs más lentos o más rápidos para proporcionar diferentes estímulos al pene.

Los jelqs lentos implican un movimiento más pausado y controlado, permitiendo una mayor concentración en la tensión y la tracción aplicadas. Este enfoque puede promover un estiramiento más profundo de los tejidos y una mayor activación de las células responsables del crecimiento.

Por otro lado, los jelqs rápidos implican movimientos más rápidos y enérgicos. Esta variación puede proporcionar una estimulación adicional a la circulación sanguínea y puede ser beneficioso para aquellos que desean enfocarse en mejorar la salud sexual y la calidad de las erecciones.

Es importante recordar que, independientemente de la velocidad elegida, se debe mantener un control adecuado y evitar movimientos bruscos que puedan causar lesiones.

Jelqing en diferentes direcciones

El jelqing tradicional se realiza generalmente en un movimiento hacia arriba a lo largo del eje del pene. Sin embargo, se pueden explorar diferentes direcciones de movimiento para enfocarse en diferentes partes del pene.

El jelqing lateral implica realizar los movimientos hacia los lados, trabajando los tejidos en esa dirección. Esto puede ayudar a abarcar áreas específicas del pene y proporcionar un estiramiento y una tracción diferentes.

El jelqing en dirección descendente es otra variación que implica realizar los movimientos hacia abajo. Esto puede ayudar a trabajar los tejidos en la parte inferior del pene y puede ser beneficioso para aquellos que desean enfocarse en el aumento de longitud.

Es importante tener en cuenta que estas variaciones deben realizarse con cuidado y control, evitando aplicar demasiada presión o forzar los tejidos. Escuchar al cuerpo y estar atento a cualquier sensación de dolor o molestia es crucial.

Supersets y variaciones combinadas

Además de las variaciones individuales mencionadas anteriormente, también se pueden combinar varias técnicas en supersets o rutinas combinadas. Por ejemplo, se puede comenzar con una serie de jelqing con agarre invertido, seguido de jelqing en diferentes direcciones y luego finalizar con una serie de jelqs lentos o rápidos.

La combinación de diferentes variaciones en una sola sesión puede proporcionar un estímulo adicional y una variedad de beneficios para el pene. Sin embargo, es importante tener en cuenta que las supersets o rutinas combinadas pueden ser más intensas y deben ser realizadas por aquellos que ya tienen experiencia y están familiarizados con las técnicas básicas.

En conclusión, las variaciones avanzadas de jelqing pueden ser una forma de intensificar el ejercicio y proporcionar nuevos estímulos al pene. El jelqing con agarre invertido, las variaciones de velocidad, el jelqing en diferentes direcciones y las combinaciones en supersets son solo algunas de las opciones disponibles. Es importante recordar que la seguridad y la escucha del cuerpo siempre deben ser prioritarias al realizar estas variaciones.

Jelq húmedo vs. jelq seco

El debate entre el jelq húmedo y el jelq seco es frecuente entre los practicantes de jelqing. Ambas técnicas tienen sus defensores y argumentos a favor. En este capítulo, exploraremos las diferencias entre el jelq húmedo y el jelq seco, así como los beneficios y consideraciones de cada uno.

El jelq húmedo implica realizar los ejercicios de jelqing con el pene lubricado. La lubricación puede ser proporcionada por un lubricante a base de agua, como un lubricante sexual común, o incluso por el uso de agua tibia.

La principal ventaja del jelq húmedo es que la lubricación reduce la fricción entre las manos y el pene, lo que facilita el deslizamiento y evita cualquier incomodidad o irritación en la piel. La lubricación también puede contribuir a una experiencia más placentera y cómoda durante el ejercicio.

Otro beneficio del jelq húmedo es que el lubricante proporciona una mayor sensación de deslizamiento suave y uniforme, lo que puede facilitar el control y la ejecución del movimiento adecuado del jelqing.

El jelq seco, como su nombre lo indica, se realiza sin lubricación adicional. En este enfoque, las manos se deslizan directamente sobre la piel seca del pene durante el ejercicio.

Una de las ventajas del jelq seco es la conveniencia. No se requiere lubricante adicional, por lo que puede ser más práctico realizar los ejercicios en cualquier momento y lugar sin la necesidad de llevar lubricantes o preocuparse por ensuciarse.

Además, algunos practicantes argumentan que el jelq seco permite un mayor control y precisión en la ejecución del ejercicio, ya que las manos se adhieren mejor a la piel y se tiene una mayor sensibilidad en el agarre.

Jelqing con diferentes niveles de erección

El jelqing es un ejercicio que se puede realizar con diferentes niveles de erección, lo que permite adaptarlo a las preferencias y necesidades individuales. En este capítulo, exploraremos los distintos niveles de erección en el jelqing y cómo pueden afectar los resultados y la seguridad del ejercicio.

El jelqing con una erección baja o parcialmente erecta implica realizar los ejercicios cuando el pene no está completamente erecto. Algunas personas prefieren esta opción debido a que sienten que pueden tener un mejor control y evitar la estimulación sexual excesiva durante el jelqing.

El jelqing con una erección baja puede ser útil para aquellos que desean centrarse más en el estiramiento y la circulación sanguínea, en lugar de buscar un aumento inmediato de la erección. Algunos practicantes también encuentran que realizar el jelqing con una erección baja les permite trabajar más cómodamente con el pene en un estado relajado.

Es importante tener en cuenta que el jelqing con una erección baja requiere una técnica cuidadosa para evitar aplicar demasiada presión o causar incomodidad. Es posible que sea necesario ajustar la intensidad y la velocidad del jelqing para adaptarse a este nivel de erección.

La erección media, en la cual el pene está parcialmente erecto pero no completamente duro, es otro nivel común para realizar el jelqing. Muchos practicantes encuentran que trabajar con una erección media proporciona un equilibrio entre el estiramiento y la estimulación del pene.

El jelqing con una erección media puede ayudar a mejorar la circulación sanguínea y promover el crecimiento del tejido del pene. Además, algunos hombres encuentran que este nivel de erección les permite experimentar un aumento en la longitud y el grosor del pene a lo largo del tiempo.

Es fundamental mantener la erección en un nivel controlado durante el jelqing. Si la erección se vuelve demasiado alta, puede resultar difícil realizar los movimientos de jelqing de manera adecuada y segura. Por otro lado, si la erección es demasiado baja, es posible que la eficacia del ejercicio se vea comprometida.

El jelqing con una erección completa implica realizar los ejercicios cuando el pene está completamente erecto. Algunos practicantes encuentran que trabajar con una erección completa permite una mayor expansión de los tejidos del pene y puede resultar en un mayor estiramiento y crecimiento.

Sin embargo, el jelqing con una erección completa también puede ser más desafiante en términos de control y seguridad. Es importante tener precaución al aplicar presión y evitar ejercer demasiada fuerza para evitar lesiones o incomodidad.

Además, es posible que algunas personas encuentren que el jelqing con una erección completa sea demasiado estimulante y desencadene la excitación sexual. En tales casos, puede ser necesario ajustar la técnica o cambiar a un nivel de erección más bajo para mantener el enfoque en los aspectos físicos del ejercicio.

Consideraciones y recomendaciones

Es importante recordar que cada persona es diferente, y lo que funciona para uno puede no funcionar para otro. Al elegir el nivel de erección para el jelqing, es crucial escuchar a tu cuerpo y ajustar según tus necesidades y comodidad.

Es recomendable experimentar con diferentes niveles de erección y evaluar cómo respondes a cada uno. Puedes comenzar con una erección baja o media y luego progresar hacia una erección completa si así lo deseas. Si en algún momento sientes dolor, incomodidad o cualquier signo de lesión, es importante detenerte y darle tiempo a tu cuerpo para recuperarse.

En conclusión, el jelqing se puede realizar con diferentes niveles de erección, cada uno con sus propias ventajas y consideraciones. Ya sea con una erección baja, media o completa, la clave es mantener un enfoque en la seguridad, la técnica adecuada y escuchar las señales de tu cuerpo. Recuerda que el jelqing es un ejercicio gradual, y los resultados se logran con consistencia y paciencia a lo largo del tiempo.

Programa de entrenamiento progresivo

Un programa de entrenamiento progresivo es fundamental para lograr resultados efectivos y seguros en el jelqing. La progresión adecuada garantiza que el pene se adapte gradualmente a los ejercicios, evitando lesiones y maximizando el potencial de crecimiento. En este capítulo, exploraremos cómo diseñar y seguir un programa de entrenamiento progresivo en el jelqing.

Establecer metas realistas

Antes de comenzar cualquier programa de entrenamiento, es importante establecer metas realistas y alcanzables. Tener expectativas claras y realistas ayudará a mantener la motivación y a evaluar los resultados de manera objetiva.

Las metas pueden variar según las necesidades individuales, ya sea aumentar la longitud, el grosor o mejorar la salud sexual en general. Sea cual sea la meta, es importante recordar que el jelqing es un proceso gradual y que los resultados pueden variar de una persona a otra.

Frecuencia y duración del entrenamiento

La frecuencia y la duración del entrenamiento son aspectos importantes a considerar en un programa de entrenamiento progresivo. En general, es recomendable comenzar con sesiones de entrenamiento de jelqing de 2 a 3 veces por semana.

Cada sesión puede durar entre 10 y 15 minutos al principio. A medida que avanza en el programa y se siente más cómodo, puede aumentar gradualmente la duración de las sesiones y la frecuencia de entrenamiento.

Es importante permitir tiempo de descanso adecuado entre las sesiones para que los tejidos se reparen y se recuperen. Descansar al menos un día entre las sesiones de jelqing es crucial para evitar el sobreentrenamiento y las lesiones.

Incremento gradual de intensidad

Uno de los principios clave de un programa de entrenamiento progresivo es el incremento gradual de la intensidad. Esto implica aumentar la cantidad y la intensidad de los ejercicios a medida que el cuerpo se adapta y se vuelve más fuerte.

Puede comenzar con una rutina básica de jelqing, como la técnica básica descrita anteriormente, y luego ir introduciendo variaciones avanzadas y técnicas adicionales a medida que avanza en el programa.

Por ejemplo, puede comenzar con una serie de jelqing con agarre regular durante las primeras semanas y luego pasar a jelqing con agarre invertido o variaciones de velocidad en las semanas siguientes. Este enfoque gradual permite que el pene se acostumbre a los ejercicios y minimiza el riesgo de lesiones.

Registro y seguimiento del progreso

Mantener un registro y realizar un seguimiento del progreso es esencial en un programa de entrenamiento progresivo. Esto le permite evaluar objetivamente los resultados y realizar ajustes según sea necesario.

Puede llevar un diario de entrenamiento donde registre la frecuencia, duración y variaciones utilizadas en cada sesión. También puede tomar medidas regulares del tamaño del pene para ver si hay mejoras en longitud o grosor a lo largo del tiempo.

Además, es importante escuchar al cuerpo y prestar atención a cualquier señal de sobreentrenamiento o lesiones. Si experimenta dolor, enrojecimiento excesivo o cualquier otro síntoma preocupante, es crucial detener el entrenamiento y descansar hasta que se recupere por completo.

Mantener la consistencia y la paciencia

La consistencia y la paciencia son clave en un programa de entrenamiento progresivo. Los resultados en el jelqing no se producen de la noche a la mañana, y cada persona puede tener un tiempo de respuesta diferente.

Es importante seguir el programa de entrenamiento de manera constante y ser paciente a lo largo del proceso. Mantenga un enfoque a largo plazo y evite caer en la tentación de buscar atajos o soluciones rápidas que puedan comprometer la salud y la seguridad.

En conclusión, un programa de entrenamiento progresivo en el jelqing es fundamental para obtener resultados efectivos y seguros. Establecer metas realistas, mantener una frecuencia y duración adecuadas, incrementar gradualmente la intensidad, registrar y seguir el progreso, y mantener la consistencia y la paciencia son aspectos clave a considerar. Siga estas pautas y adapte el programa según sus necesidades individuales para obtener los mejores resultados posibles.

Rutina de jelqing para principiantes

Cuando comienzas con el jelqing, es importante seguir una rutina adecuada diseñada para principiantes. Una rutina bien estructurada te permitirá familiarizarte con los ejercicios, adaptarte gradualmente al jelqing y minimizar el riesgo de lesiones. En este capítulo, presentaremos una rutina de jelqing para principiantes que puedes seguir para comenzar tu viaje de agrandamiento del pene de manera segura y efectiva.

Antes de comenzar cualquier rutina de jelqing, es esencial realizar un calentamiento adecuado. El calentamiento ayuda a preparar los tejidos del pene para el ejercicio, mejora la circulación sanguínea y reduce el riesgo de lesiones. Puedes optar por un calentamiento húmedo o seco, como sumergir una toalla en agua tibia y envolverla alrededor del pene durante unos minutos.

La técnica básica de jelqing es fundamental para cualquier rutina. Aquí te presentamos los pasos para realizar el jelqing básico:

Aplica lubricante: Lubrica el pene con un lubricante a base de agua para facilitar el deslizamiento de las manos durante el ejercicio.

Agarre: Con una mano, realiza un agarre en la base del pene, justo encima del área púbica. El agarre debe ser firme pero no demasiado apretado.

Deslizamiento: Desliza la mano hacia arriba a lo largo del pene, aplicando una presión suave y constante. A medida que llegues al glande, suelta el agarre.

Repite: Repite el movimiento con la otra mano, alternando entre las manos en cada repetición. Cada deslizamiento debe durar aproximadamente 2-3 segundos.

Control de presión: Asegúrate de aplicar una presión adecuada durante el jelqing. No ejerzas demasiada presión que cause dolor o incomodidad, pero tampoco apliques muy poca presión que no sientas ningún estiramiento.

Repeticiones: Comienza con 10-15 repeticiones en tu primera sesión y ve aumentando gradualmente a medida que te sientas más cómodo con el ejercicio.

Descanso: Toma descansos breves de 1-2 minutos entre cada serie de repeticiones para permitir que los tejidos del pene se recuperen.

Para los principiantes, se recomienda comenzar con sesiones de jelqing de aproximadamente 10-15 minutos. Puedes dividir el tiempo en varias series de repeticiones, descansando entre cada serie.

En cuanto a la frecuencia, es aconsejable comenzar con 2-3 sesiones de jelqing por semana. Esto permitirá que tu cuerpo se acostumbre al ejercicio y se recupere adecuadamente entre sesiones. A medida que te sientas más cómodo y experimentes una mayor adaptación, puedes aumentar gradualmente la frecuencia a 4-5 sesiones por semana.

Recuerda que el jelqing es un ejercicio progresivo. A medida que te familiarices con la técnica básica y te sientas más cómodo, puedes introducir variaciones avanzadas, como jelqing con diferentes niveles de erección o aplicando ejercicios complementarios.

Sin embargo, es esencial tener precaución y no apresurarse en aumentar la intensidad o la duración de las sesiones demasiado rápido. Escucha las señales de tu cuerpo y sé consciente de cualquier incomodidad o dolor. Si experimentas alguna molestia, reduce la intensidad o toma un descanso para permitir la recuperación.

Llevar un registro de tu progreso es una parte importante de cualquier rutina de jelqing. Puedes tomar medidas periódicas de longitud y circunferencia para evaluar los cambios en tu pene a lo largo del tiempo. Además, también puedes mantener un diario donde registres tus sesiones de jelqing, la duración, las repeticiones y cualquier observación relevante.

El seguimiento del progreso te ayudará a mantener la motivación y evaluar la efectividad de tu rutina. Sin embargo, es importante tener en cuenta que los resultados varían de persona a persona, y los cambios pueden tomar tiempo. La paciencia y la consistencia son clave en el jelqing.

En conclusión, esta rutina de jelqing para principiantes te proporciona una base sólida para comenzar tu viaje de agrandamiento del pene. Recuerda seguir los pasos de calentamiento, practicar la técnica básica de jelqing, progresar gradualmente y realizar un seguimiento de tu progreso. Mantén la seguridad como prioridad y escucha las necesidades de tu cuerpo a medida que avanzas en tu rutina de jelqing

Avance y ajuste del programa

A medida que avanzas en tu programa de ejercicio de jelqing, es importante realizar ajustes y modificaciones para garantizar un progreso continuo y maximizar los resultados. En este capítulo, exploraremos cómo puedes avanzar y ajustar tu programa de jelqing a medida que te familiarices con los ejercicios y te sientas más cómodo con la rutina.

Antes de hacer cualquier ajuste en tu programa de jelqing, es fundamental evaluar tu progreso hasta el momento. Observa detenidamente los cambios en la longitud, el grosor y la calidad de erección de tu pene a lo largo del tiempo. Si has estado llevando un registro, revisa tus mediciones y anotaciones para tener una idea clara de cómo ha evolucionado tu pene desde que comenzaste el jelqing.

Además de las mediciones físicas, también es importante tener en cuenta tu satisfacción personal y cualquier mejora en tu confianza sexual. Si notas cambios positivos en tu bienestar general y en tu autoestima, eso también es un indicador importante de que estás progresando en la dirección correcta.

Una forma de avanzar en tu programa de jelqing es aumentar gradualmente la intensidad de los ejercicios. Esto se puede lograr de varias maneras:

Incrementa el número de repeticiones: Si has estado realizando, por ejemplo, 10-15 repeticiones en cada sesión, puedes aumentar este número a 15-20 repeticiones. Añadir más repeticiones implica más tiempo de entrenamiento y mayor esfuerzo para los tejidos del pene.

Aumenta la duración de las sesiones: Si has estado haciendo sesiones de jelqing de 10-15 minutos, puedes extenderlas a 15-20 minutos. Esto proporcionará una mayor estimulación y estiramiento a los tejidos del pene.

Introduce variaciones avanzadas: A medida que te sientas más cómodo con la técnica básica de jelqing, puedes comenzar a incorporar variaciones avanzadas, como jelqing con diferentes niveles de erección o realizando ejercicios complementarios. Estas variaciones pueden agregar un desafío adicional a tu rutina y promover un mayor crecimiento del pene.

Es importante tener en cuenta que debes aumentar la intensidad de manera gradual y escuchar las señales de tu cuerpo. No te apresures en aumentar la intensidad demasiado rápido, ya que esto puede conducir a lesiones o incomodidad. La progresión gradual es clave en el jelqing.

A medida que aumentas la intensidad de tu programa de jelqing, también es fundamental asegurarte de que tu cuerpo tenga suficiente tiempo de descanso y recuperación. Los tejidos del pene necesitan tiempo para repararse y crecer entre las sesiones de ejercicio.

Es recomendable programar días de descanso en tu rutina de jelqing. Por ejemplo, puedes tomar descansos de uno o dos días entre las sesiones de entrenamiento para permitir que los tejidos se recuperen. Durante los días de descanso, puedes realizar técnicas de relajación, como masajes suaves o estiramientos suaves, para mantener una buena circulación sanguínea y promover la recuperación.

A medida que avanzas en tu programa de jelqing, es esencial evaluar continuamente tu progreso y hacer ajustes según sea necesario. Esto implica seguir midiendo y registrando las mediciones de tu pene, así como estar atento a cualquier cambio en tu satisfacción personal y bienestar sexual.

Si notas una meseta en tu progreso, es posible que sea necesario realizar cambios en tu rutina. Puedes considerar aumentar aún más la intensidad, introducir nuevos ejercicios o variaciones, o probar diferentes técnicas de jelqing.

Sin embargo, ten en cuenta que los resultados del jelqing pueden variar de persona a persona, y el crecimiento del pene es un proceso gradual. No esperes cambios drásticos de la noche a la mañana. La paciencia y la consistencia son clave en el jelqing.

En conclusión, avanzar y ajustar tu programa de ejercicio de jelqing es esencial para lograr resultados óptimos. Evalúa tu progreso, aumenta gradualmente la intensidad, permite suficiente tiempo de descanso y realiza ajustes según sea necesario. Recuerda escuchar a tu cuerpo y mantener un enfoque en la seguridad y la técnica adecuada. Con paciencia y consistencia, podrás experimentar los beneficios del jelqing a lo largo del tiempo.

Medición y seguimiento del progreso

En cualquier programa de jelqing, es importante realizar una medición y seguimiento adecuados del progreso. Esto le permitirá evaluar los resultados, hacer ajustes en su rutina y mantenerse motivado a lo largo del tiempo. En este capítulo, exploraremos la importancia de la medición y seguimiento del progreso en el jelqing, así como las diferentes formas de hacerlo.

La importancia de la medición y seguimiento del progreso

Medir y hacer un seguimiento del progreso en el jelqing es esencial por varias razones. En primer lugar, le proporciona una referencia objetiva para evaluar los resultados. Esto le permitirá ver si ha habido mejoras en términos de longitud, grosor u otras metas que se haya fijado.

Además, el seguimiento del progreso le permite hacer ajustes en su rutina de jelqing. Si no está viendo los resultados deseados, puede utilizar la información recopilada para identificar posibles áreas de mejora y hacer cambios en su enfoque.

También es una excelente manera de mantenerse motivado. Al ver los avances que ha logrado, estará más inclinado a continuar con su programa de jelqing y trabajar hacia sus metas.

Medición del tamaño del pene

La medición del tamaño del pene es una parte fundamental del seguimiento del progreso en el jelqing. Esto le permite determinar si ha habido cambios en términos de longitud o grosor.

La forma más común de medir el tamaño del pene es utilizando una cinta métrica flexible. Para medir la longitud, coloque la cinta métrica en la base del pene y mida hasta la punta. Para medir el grosor, envuelva la cinta métrica alrededor del pene en la parte más gruesa y anote la medida.

Es importante ser consistente al realizar las mediciones. Realícelas en el mismo estado de erección (flácido o erecto) y en el mismo punto del programa de entrenamiento (por ejemplo, antes de comenzar o después de un período determinado de tiempo).

Otras formas de seguimiento

Además de las mediciones del tamaño del pene, hay otras formas de seguimiento que pueden ser útiles en el jelqing. Estas incluyen:

Registro de la duración y frecuencia de las sesiones de jelqing: Mantenga un registro de cuánto tiempo dedica a cada sesión de jelqing y con qué frecuencia las realiza. Esto le permitirá evaluar su consistencia y determinar si ha habido cambios en la duración o frecuencia a lo largo del tiempo.

Registro de variaciones y técnicas utilizadas: Mantenga un registro de las variaciones y técnicas específicas que ha utilizado en su rutina de jelqing. Esto le permitirá identificar qué enfoques han funcionado mejor para usted y hacer ajustes según sea necesario.

Registro de sensaciones y resultados: Tómese el tiempo para registrar cómo se siente durante y después de cada sesión de jelqing. Preste atención a cualquier sensación de estiramiento, congestión o cualquier otro cambio en la sensibilidad o la calidad de las erecciones. También anote cualquier resultado que haya experimentado, como mejoras en la firmeza de las erecciones o la satisfacción sexual en general.

Evaluar y ajustar la rutina

Una vez que haya recopilado suficiente información a través de la medición y el seguimiento del progreso, podrá evaluar su rutina de jelqing y realizar ajustes si es necesario.

Si ha estado siguiendo su rutina de jelqing de manera consistente pero no ha visto los resultados deseados, es posible que desee considerar hacer cambios en su enfoque. Esto podría incluir ajustar la duración o frecuencia de las sesiones de jelqing, probar nuevas variaciones o técnicas, o incluso buscar orientación de un profesional de la salud.

Es importante recordar que cada persona es única y puede responder de manera diferente al jelqing. Lo que funciona para alguien puede no funcionar para otra persona. Por lo tanto, es crucial ser flexible y estar dispuesto a experimentar y hacer ajustes en su rutina según sea necesario.

En conclusión, la medición y el seguimiento del progreso son elementos clave en el jelqing. Permiten evaluar los resultados, hacer ajustes en la rutina y mantenerse motivado. Ya sea a través de mediciones del tamaño del pene, el registro de duración y frecuencia de las sesiones, o el seguimiento de sensaciones y resultados, el seguimiento adecuado del progreso es esencial para obtener los mejores resultados posibles en el jelqing.

Mitos y realidades sobre el jelqing

En el mundo del jelqing, existen numerosos mitos y afirmaciones sobre sus efectos y beneficios. En este capítulo, examinaremos algunos de los mitos más comunes y exploraremos las realidades detrás de ellos. Es importante tener en cuenta que la información proporcionada se basa en la evidencia científica actual y en las opiniones de expertos en el campo.

Mito: El jelqing garantiza un aumento permanente del tamaño del pene.

Realidad: Si bien el jelqing puede ayudar a aumentar temporalmente la longitud y el grosor del pene, no existe evidencia científica sólida que respalde la afirmación de que proporciona un aumento permanente del tamaño del pene. Los estudios disponibles son limitados y sus resultados son variables. Los cambios observados son generalmente modestos y pueden ser temporales, volviendo al tamaño original después de dejar de practicar el jelqing.

Mito: El jelqing es una forma segura de aumentar el tamaño del pene.

Realidad: Si se realiza incorrectamente o con demasiada intensidad, el jelqing puede causar lesiones en el pene, como hematomas, torsiones o fracturas. Es fundamental seguir las técnicas adecuadas, calentar adecuadamente antes de los ejercicios y escuchar las señales del cuerpo para evitar daños. Además, es importante recordar que cada persona es diferente y puede tener diferentes reacciones y tolerancia al jelqing. Siempre es recomendable consultar a un médico o profesional de la salud antes de comenzar cualquier programa de ejercicios para el pene.

Mito: El jelqing puede corregir problemas de disfunción eréctil.

Realidad: El jelqing no ha demostrado ser una solución efectiva para tratar la disfunción eréctil. La disfunción eréctil puede tener causas multifactoriales, incluyendo factores físicos, psicológicos y de estilo de vida. Si experimenta problemas de disfunción eréctil, es importante buscar la evaluación y el consejo de un médico calificado que pueda determinar la causa subyacente y recomendar el tratamiento adecuado.

Mito: El jelqing es una técnica milenaria comprobada.

Realidad: Aunque se dice que el jelqing es una técnica antigua, no hay evidencia histórica o científica sólida que respalde su origen y efectividad. La falta de documentación histórica confiable hace difícil rastrear el origen y la evolución del jelqing. Es importante tener en cuenta que muchos de los testimonios y afirmaciones sobre el jelqing se basan en experiencias personales y no en investigaciones científicas rigurosas.

Mito: El jelqing es la única forma de aumentar el tamaño del pene.

Realidad: Existen diferentes métodos y enfoques para aumentar el tamaño del pene, y el jelqing es solo uno de ellos. Otros enfoques incluyen dispositivos de tracción, bombas de vacío y cirugía. Cada método tiene sus propias ventajas y desventajas, y es importante investigar y comprender los diferentes enfoques antes de decidir cuál es el más adecuado para usted.

Mito: El jelqing puede curar enfermedades del pene, como la enfermedad de Peyronie.

Realidad: No existe evidencia científica que respalde la afirmación de que el jelqing puede curar enfermedades del pene, como la enfermedad de Peyronie. La enfermedad de Peyronie es una condición médica que requiere una evaluación y tratamiento adecuados por parte de un médico especializado en urología. Si sospecha que tiene una enfermedad del pene, es fundamental buscar atención médica para un diagnóstico y tratamiento adecuados.

En conclusión, existen varios mitos asociados con el jelqing, y es importante distinguir entre la realidad y la ficción. Si bien el jelqing puede tener ciertos beneficios y efectos temporales en el tamaño y la salud del pene, no hay evidencia científica sólida que respalde muchos de los mitos populares. Siempre es recomendable investigar y consultar a profesionales de la salud calificados antes de embarcarse en cualquier programa de jelqing o tratamiento relacionado con el tamaño del pene.

Efectos secundarios y riesgos potenciales

Aunque el jelqing se practica con la intención de mejorar el tamaño y la función del pene, es importante comprender que existen efectos secundarios y riesgos potenciales asociados con esta técnica. En este capítulo, exploraremos en detalle algunos de los posibles efectos secundarios y riesgos que pueden surgir al realizar el jelqing.

Lesiones en los tejidos del pene

Una de las preocupaciones más significativas con el jelqing es la posibilidad de lesiones en los tejidos del pene. La aplicación de presión excesiva, movimientos bruscos o realizar el ejercicio de manera incorrecta puede provocar traumatismos en los tejidos del pene, incluyendo hematomas, inflamación, irritación de la piel e incluso fracturas. Estas lesiones pueden ser dolorosas y requerir atención médica.

Es fundamental recordar que el pene es un órgano delicado y sensible. Cualquier ejercicio que implique aplicar presión o tensión excesiva debe realizarse con precaución y bajo la supervisión de un profesional de la salud. Ignorar las técnicas adecuadas o realizar el jelqing de manera agresiva puede aumentar significativamente el riesgo de lesiones.

Problemas de circulación sanguínea

Otro posible efecto secundario del jelqing es el impacto en la circulación sanguínea del pene. Durante la realización de los ejercicios, es posible que se aplique presión sobre los vasos sanguíneos, lo que podría afectar negativamente el flujo de sangre hacia el pene. Esto puede causar disfunción eréctil temporal, entumecimiento o incluso problemas de sensibilidad a largo plazo.

Es importante tener en cuenta que la salud circulatoria es vital para el funcionamiento adecuado del pene. Cualquier intervención que afecte negativamente el flujo sanguíneo debe ser abordada con precaución y bajo la guía de un profesional de la salud.

Irritación y sensibilidad

El jelqing también puede provocar irritación y sensibilidad en la piel del pene. El uso de movimientos repetitivos y la fricción pueden causar enrojecimiento, picazón, sequedad y descamación de la piel. Esto puede resultar incómodo e interferir con la comodidad durante las relaciones sexuales u otras actividades diarias.

Para minimizar el riesgo de irritación y sensibilidad, es importante utilizar lubricantes adecuados durante el jelqing y asegurarse de mantener una buena higiene genital. Además, escuchar al cuerpo y darle tiempo suficiente para descansar y recuperarse entre las sesiones de jelqing puede ayudar a prevenir la irritación y promover la salud de la piel.

Obsesión y dismorfia del pene

Un riesgo psicológico asociado con el jelqing es la obsesión y la dismorfia del pene. Al enfocarse constantemente en el tamaño y la forma del pene, algunos hombres pueden desarrollar una preocupación excesiva y una percepción distorsionada de su propio cuerpo. Esto puede llevar a una baja autoestima, ansiedad, depresión y problemas de salud mental.

Es fundamental comprender que el tamaño del pene no define el valor personal ni la calidad de las relaciones sexuales. La comunicación abierta, la conexión emocional y la satisfacción mutua son aspectos mucho más importantes para una vida sexual saludable y plena. Es esencial abordar cualquier preocupación relacionada con el tamaño del pene desde una perspectiva integral y buscar apoyo profesional si es necesario.

En resumen, el jelqing conlleva efectos secundarios y riesgos potenciales que deben tenerse en cuenta antes de considerar esta técnica. Lesiones en los tejidos del pene, problemas de circulación sanguínea, irritación y sensibilidad en la piel, así como la obsesión y la dismorfia del pene, son algunos de los posibles riesgos asociados con el jelqing. Antes de embarcarte en cualquier programa de ejercicios para el pene, es fundamental buscar asesoramiento médico y abordar cualquier preocupación desde una perspectiva integral. La salud y el bienestar general son prioridades importantes a tener en cuenta en cualquier decisión relacionada con la salud sexual masculina.

Recomendaciones y advertencias

El jelqing es una técnica controvertida que ha

sido practicada durante mucho tiempo con el objetivo de mejorar el tamaño y la función del pene. Sin embargo, es importante comprender que el jelqing conlleva riesgos y no está respaldado por evidencia científica sólida. En este capítulo, discutiremos algunas recomendaciones y advertencias importantes que debes tener en cuenta si estás considerando el jelqing.

Consulta con un profesional de la salud

Antes de comenzar cualquier programa de ejercicios para el pene, es fundamental buscar el asesoramiento de un médico especialista en urología o salud sexual masculina. Un profesional de la salud puede evaluar tu situación individual, discutir los riesgos y beneficios del jelqing y ofrecer orientación personalizada sobre las opciones de tratamiento más adecuadas.

Un médico también puede ayudarte a descartar cualquier condición médica subyacente que pueda estar afectando el tamaño o la función del pene. Es importante abordar cualquier preocupación relacionada con el pene desde una perspectiva integral y obtener información confiable y respaldada por profesionales médicos.

Aprende las técnicas adecuadas

Si decides probar el jelqing, es esencial aprender las técnicas adecuadas y realizar los ejercicios de manera segura. No te confíes en fuentes no confiables de información, como videos de YouTube no verificados o testimonios anecdóticos. Busca recursos confiables que brinden orientación basada en evidencia y sigan las pautas establecidas por profesionales médicos.

Siempre es recomendable recibir instrucciones de un profesional de la salud o de un terapeuta sexual capacitado antes de comenzar el jelqing. Asegúrate de comprender completamente las técnicas, los movimientos correctos y las precauciones a tener en cuenta para evitar lesiones y minimizar los riesgos.

Escucha a tu cuerpo

Es importante escuchar a tu cuerpo durante el jelqing y prestar atención a las señales de malestar o dolor. Si experimentas dolor intenso, incomodidad persistente o cualquier efecto secundario preocupante, detén el ejercicio de inmediato y busca atención médica.

El jelqing no debe causar dolor significativo ni provocar lesiones graves. Si experimentas alguno de estos síntomas, es posible que estés realizando el ejercicio de manera incorrecta o excesivamente agresiva. No ignores las señales de tu cuerpo y nunca fuerces los límites más allá de lo razonable.

No esperes resultados rápidos o milagrosos

Es importante tener expectativas realistas sobre los resultados del jelqing. No existen garantías de que esta técnica aumentará permanentemente el tamaño del pene. Los resultados pueden variar ampliamente entre individuos y algunos pueden no experimentar cambios significativos.

Es crucial comprender que el tamaño del pene no determina la valía personal ni la satisfacción sexual. Centrarse obsesivamente en el tamaño del pene puede tener un impacto negativo en la salud mental y emocional. En cambio, enfócate en desarrollar una actitud positiva hacia tu cuerpo y en disfrutar de la intimidad y las relaciones sexuales de manera saludable y satisfactoria.

Considera alternativas seguras y respaldadas por evidencia

Si estás insatisfecho con el tamaño o la función de tu pene, hay alternativas seguras y respaldadas por evidencia que puedes considerar. Por ejemplo, la terapia de conversación, el asesoramiento sexual y las técnicas de manejo del estrés pueden ser útiles para abordar cualquier preocupación psicológica o emocional relacionada con el tamaño del pene.

Además, hay opciones médicas, como dispositivos de tracción del pene o incluso cirugía, que pueden ser consideradas en casos específicos y bajo la orientación de un profesional de la salud. Sin embargo, es fundamental tener en cuenta que estas opciones también conllevan riesgos y deben ser discutidas en detalle con un médico.

En conclusión, si estás considerando el jelqing, es fundamental buscar asesoramiento médico y seguir las recomendaciones adecuadas. Aprende las técnicas correctas, escucha a tu cuerpo, establece expectativas realistas y considera alternativas seguras y respaldadas por evidencia. La salud y el bienestar general son prioritarios, y cualquier decisión relacionada con la salud sexual masculina debe abordarse de manera integral y responsable.

Sitios recomendados para ver videos de ejercicios para realizar el jelqing

En este capítulo, te proporcionaré algunas recomendaciones de canales en línea donde puedes encontrar videos de ejercicios de jelqing.

Es importante tener en cuenta que, antes de comenzar cualquier programa de ejercicios para el pene, debes consultar a un médico o profesional de la salud para obtener asesoramiento personalizado y asegurarte de realizar los ejercicios de manera segura y adecuada.

Canales de YouTube

YouTube es una plataforma ampliamente utilizada y cuenta con varios canales que brindan información y tutoriales sobre ejercicios de jelqing. Aquí hay algunas recomendaciones de canales confiables y populares:

Phallocare: Este canal se enfoca en la salud y el agrandamiento del pene, y ofrece una amplia variedad de videos instructivos sobre el jelqing y otros ejercicios relacionados. Proporciona demostraciones claras y consejos útiles para realizar los ejercicios correctamente.

PenileGuider: Este canal se dedica a brindar información y orientación sobre el crecimiento del pene y la salud sexual masculina en general. Ofrece tutoriales en video sobre diferentes técnicas de jelqing, junto con explicaciones detalladas sobre los beneficios y las precauciones a tener en cuenta.

Dr. Richard Howard: Este canal es administrado por un médico especialista en salud sexual masculina. Ofrece una perspectiva médica y profesional sobre ejercicios de jelqing, así como otros temas relacionados con la salud del pene. Los videos están respaldados por información basada en evidencia y proporcionan instrucciones claras.

Sitios web especializados

Además de los canales de YouTube, existen varios sitios web especializados que se dedican a brindar información y guías sobre ejercicios de jelqing. Algunos de estos sitios ofrecen videos instructivos junto con artículos detallados. Aquí tienes algunas recomendaciones:

PEGym.com: Este sitio web es una comunidad en línea para hombres interesados en el jelqing y otros ejercicios para el pene. Ofrece una amplia variedad de recursos, incluyendo videos instructivos, foros de discusión y artículos informativos.

MattersofSize.com: Es un sitio web que proporciona información y orientación sobre ejercicios para el pene. Ofrece una sección de videos instructivos donde puedes encontrar demos detalladas de jelqing y otros ejercicios relacionados.

Recuerda que al buscar videos y tutoriales en línea, es importante ser selectivo y buscar fuentes confiables. Presta atención a la reputación del canal o sitio web, verifica la experiencia y credenciales del creador del contenido y asegúrate de que la información proporcionada sea respaldada por profesionales médicos o expertos en salud sexual masculina.

En conclusión, hay una variedad de canales en YouTube y sitios web especializados que ofrecen videos instructivos y guías detalladas sobre ejercicios de jelqing. Sin embargo, es fundamental buscar información de fuentes confiables y, antes de comenzar cualquier programa de ejercicios para el pene, consultar a un profesional de la salud para obtener asesoramiento personalizado y asegurarse de realizar los ejercicios de manera segura y adecuada.